LA TENTATION DE SAINT ANTOINE

VERRE PEINT EN GRISAILLE

Par Nicolas Le Pot

PAR

le Marquis de FAYOLLE,

Inspecteur général de la Société Française d'Archéologie,
Correspondant du Ministère de l'Instruction publique et des Beaux-Arts,
Conservateur du Musée de Périgord,
Président de la Société Historique et Archéologique du Périgord.

CAEN

HENRI DELESQUES, IMPRIMEUR-ÉDITEUR

34, RUE DEMOLOMBE, 34

1907

Verre peint par Nicolas Le Pot.

Collection de Troussures

LA TENTATION DE SAINT ANTOINE

VERRE PEINT EN GRISAILLE

Par Nicolas Le Pot

PAR

le Marquis de FAYOLLE,

Inspecteur général de la Société Française d'Archéologie.
Correspondant du Ministère de l'Instruction publique et des Beaux-Arts.
Conservateur du Musée de Périgord.
Président de la Société Historique et Archéologique du Périgord.

CAEN

HENRI DELESQUES, IMPRIMEUR ÉDITEUR

34, RUE DEMOLOMBE, 34

1907

Extrait du Compte rendu du LXXIIe Congrès archéologique de France,

de France.

Tenu en 1905, à Beauvais.

LA TENTATION DE SAINT ANTOINE

VERRE PEINT EN GRISAILLE

PAR NICOLAS LE POT

A l'occasion du Congrès de Beauvais, M. le comte de Troussures avait bien voulu tirer de son riche cabinet ce précieux objet d'art pour l'offrir à l'étude de nos confrères.

Sur la flatteuse invitation de notre Président, j'ai dû, après un examen trop superficiel, en faire ressortir le mérite à la séance d'ouverture, mais la rareté des objets de cette nature, désignés dans la langue de la curiosité sous le nom de verres églomisés, la valeur artistique de celui-ci et surtout le grand intérêt documentaire qu'il offre pour l'histoire des peintres verriers du Beauvaisis au XVIe siècle, me semblent mériter une étude plus approfondie.

Grâce au concours qu'a bien voulu me prêter notre confrère et ami M. Louis Régnier, à son obligeance et à son érudition, et à l'aide non moins aimable de M. le baron de Bonnault, qui a pris la peine de faire les recherches et les constatations nécessaires à ce travail, j'espère pouvoir sinon élucider complètement les petits problèmes qu'il soulève, du moins apporter une utile contribution à leur solution. En tout cas, puissé-je avoir montré tout l'intérêt que mérite la précieuse peinture du comte de Troussures et lui témoigner ainsi notre gratitude.

Il me paraît nécessaire d'entrer dans quelques détails sur l'origine et la technique du procédé particulier employé dans cet ouvrage, avant de le décrire et de rechercher le nom de son auteur.

Le verre est une matière translucide et naturellement incolore. Dès l'origine, on s'est préoccupé d'utiliser l'élégance de ses formes et de le décorer, soit en le colorant dans la masse, comme savaient le faire les Romains, qui ont laissé de remarquables spécimens de leur habileté, soit en appliquant sur la surface des matières qui s'y incorporent par la cuisson sans le pénétrer. L'émail des lampes arabes, les peintures des vitraux en sont des exemples. Un système différent consiste à revêtir l'envers du verre d'une décoration visible par transparence et simplement adhérente. Cette décoration peut avoir pour but d'augmenter la valeur artistique de l'objet; dans d'autres cas, elle n'emploie le verre que comme support. C'est de ce dernier procédé que nous allons nous occuper.

Les premiers exemples proviennent des catacombes de Rome, où ils avaient été utilisés pour désigner des sépultures. Ce sont des médaillons, en général détachés de fonds de coupes, formés de deux disques de verre collés l'un sur l'autre et renfermant entre eux une feuille d'or, où sont représentés au trait et par enlevage des sujets symboliques chrétiens.

On donne le nom de verres doublés à ceux qui ont été faits plus tard à l'imitation des anciens verres chrétiens. La Bohême, au XVIII siècle surtout, en a produit un grand nombre, qui décorent des coupes de mariage, des coffrets, etc. La feuille d'or ou d'argent, renfermée entre deux plaques de verre soudées à la lampe, est inaltérable : sa décoration est produite par une gravure au burin, dont les tailles se détachent en noir sur le métal.

Ce procédé n'est utilisable que pour des objets de petite dimension et des surfaces plates, aussi on se contenta de bonne heure d'appliquer la feuille de métal, préalablement gravée, au revers de l'objet à décorer, en l'y fixant à l'aide d'une colle dont d'anciens auteurs donnent la recette. Une couche de vernis noir ou brun, étendue à l'envers de la feuille d'or, la protège et pénètre les traits de la gravure, qu'il fait ressortir. Le musée de Cluny possède plusieurs coupes de ce genre, exécutées à Venise au XV siècle, remarquables par l'éclat de l'or et la richesse de la composition.

Ce procédé en a inspiré un autre, destiné à produire de véritables tableaux. L'unique feuille de métal est remplacée par des couleurs à l'eau ou à la gouache, au milieu desquelles sont disposées quelques feuilles d'or, d'argent ou d'étain, appliquées au revers d'une vitre. L'exécution nécessite de la part du peintre une pratique particulière, semblable à celle des tapissiers, puisque la face visible de sa peinture est invisible pour lui. Ici, l'effet produit est celui d'une peinture recouverte d'une glace, tandis que dans les systèmes précédemment décrits, l'aspect est celui d'une gravure sur fond d'or. Les feuilles de métal utilisées pour les parties brillantes sont découpées d'après la forme de l'objet qu'elles représentent, et modelées non plus par des traits et des hachures enlevés au burin, mais au moyen d'un lavis posé sur le verre, à l'endroit qu'elles recouvrent; une couche de vernis protège le revers de la peinture et lui donne l'opacité nécessaire.

C'est à ce procédé qu'appartient le tableau de M. de Troussures.

Ce genre de peinture a été connu dès une époque ancienne du moyen âge. La collection Spitzer en renfermait plusieurs spécimens, que M. Édouard Garnier a étudiés avec une grande compétence (1) et parmi lesquels il en décrit de la période byzantine, du XIIIe et du XIVe siècle. Mais c'est surtout à la fin du XVe et au XVIe siècle qu'il obtint sa plus grande vogue et fut même employé à produire des ensembles décoratifs de grandes dimensions. Il se prolongea jusqu'à la fin du XVIIIe siècle, mais les plaques de métal ont alors cédé la place à la couleur seule, et il ne fut plus recherché que pour des images religieuses sans valeur ou de médiocres sujets de genre. Il est probable que les *fixés*, si à la mode à cette époque, n'ont pas d'autre origine, cependant ces petits paysages qui animaient alors les boutons d'habits, les bonbonnières, etc., ne sont pas peints sur le verre, mais sur une soie directement collée sous son support transparent.

Il semble que ces peintures sous verre ont dû être inspirées par le désir de rendre sur des surfaces opaques, l'impression de vitraux qui ne peuvent être vus que par transparence et lorsqu'ils sont traversés par les rayons lumineux. Je crois trouver une preuve de

____

(1) *Gazette des Beaux-Arts*, 1881, p. 308.

ce fait dans une remarquable peinture de ce genre, que notre érudit confrère M. Émile Delignières a étudiée avec la sagacité et l'abondante documentation qu'il apporte dans tous ses travaux sur les arts (1). Cette peinture sous verre est conservée dans l'église Saint-Vulfran, à Abbeville : elle se compose d'un panneau cintré de 1ᵐ 03 de haut sur 0ᵐ 63 de large, formé d'un grand nombre de morceaux de verre réunis par des plombs, comme un vitrail. Ce n'est pas seulement la difficulté de se procurer une plaque de verre d'aussi grande dimension qui a motivé cet assemblage, car plusieurs des morceaux de verre sont fort petits, découpés comme dans les vitraux, d'après la silhouette de l'objet à représenter, et l'ensemble du sujet, qui représente la Glorification de la Vierge, est disposé comme dans un vitrail.

Si le verre peint d'Abbeville est une exception par ses dimensions et son plombage, il n'est pas rare que d'importantes décorations aient été obtenues par la réunion de plusieurs panneaux peints sous verre. L'une des plus remarquables est le retable provenant de la Chartreuse de Villefranche-de-Rouergue, qui se trouve au musée de Cluny. Il se compose de six panneaux, exécutés en 1549, représentant des scènes de la vie du Christ, d'après des gravures italiennes, et encadrés dans des motifs d'architecture gothiques en bois sculpté. On peut comparer l'emploi des peintures sous verre, dans ce retable et dans plusieurs autres, à celui des panneaux d'albâtre sculpté, dont l'assemblage forme de nombreux retables et triptyques, auxquels

(1) Émile Delignières : *Une peinture sur verre fixe peint de 1525*, 1901.

M. John Hope vient de restituer une origine anglaise jusqu'à présent ignorée.

La plupart de ces peintures sous verre se trouvent en Allemagne, en Autriche et en Italie, écrit M. Delignières, mais malgré les nombreux travaux qui leur ont été consacrés, il est singulier qu'on ne sache pas encore aujourd'hui par quel terme les désigner et qu'on ne connaisse aucun texte ancien qui leur donne un nom spécial. Le Dictionnaire de Victor Gay cite deux textes, qui se rapportent évidemment à des peintures sous verre, mais qui n'emploient que des périphrases ou des termes imprécis. L'un, de 1309, interdit : « .... de mettre en or ne en argent voirre point ne cristaus pains ne saffrés (ornés).... » ; l'autre, de 1459, est extrait d'un inventaire : « Tabula cristallina... in una est Virgo Maria depicta in vitro aurea : in alia est crucifixus deauratus etiam in vitro ».

Cet embarras du nom à leur appliquer explique la singulière fortune d'un terme, qualifié de barbarisme par la plupart des critiques modernes, sous lequel cependant ces objets sont uniquement désignés aujourd'hui dans les catalogues et dans la langue de la curiosité. On les appelle *verres églomisés*, agglomizzato, disent aussi les Italiens, et surtout lorsqu'il y a plus de feuilles d'or que de peinture dans le décor. Personne, du reste, ne savait ni ce que signifiait le mot *églomisé* ni quelle était son origine, jusqu'au jour où M. Edouard Bonnaffé en conta la singulière histoire (1), dont voici une briève analyse :

Un encadreur nommé Glomy s'était fait à Paris, à la fin du XVIIIe siècle, une réputation comme expert

____

(1) *Chronique des Arts*, 1880, p. 120.

d'art. mais surtout en encadrant les dessins et les estampes sous des verres qu'il ornait de filets peints et dorés, appliqués à l'envers de la glace. On disait glomiser ou églomiser une estampe. pour désigner cette monture spéciale. Glomy eut des imitateurs : nombre de dessins de l'époque de l'Empire et de la Restauration sont encadrés de cette façon. Dans le siècle dernier. M. Carrand père, ayant eu à Lyon à décrire. dans un catalogue, des peintures sous verre, s'empara de cette locution. Le mot églomisé fut accepté de tout le monde. soit parce qu'alors il était compris. soit plutôt parce qu'on n'en connaissait pas d'autres.

Depuis la découverte de M. É. Bonnaffé. on a proposé d'autres noms à leur donner : celui de fixé peint a été accepté par quelques érudits. mais la masse des collectionneurs et des marchands ne connaît que les verres églomisés : la suite de ce travail permettra sinon de le détrôner. du moins de montrer sous quel nom les curieux du XVIIIe siècle désignaient les peintures sous verre, et ce sera peut-être une surprise de voir qu'ils s'étaient contentés d'un mot prêtant autant à la confusion.

Le tableau de la collection de M. le comte de Troussures. dont l'excellente photographie de M. Thiot donne une exacte reproduction. est une peinture exécutée à l'envers d'une vitre. avec parties réservées pour des feuilles d'or. Il mesure 0^m30 de hauteur et 0^m355 de largeur : son exécution remonte à l'époque où ce genre était le plus en faveur.

Le peintre y a représenté deux scènes de la tentation de saint Antoine. Au premier plan. à la lisière d'une forêt. le saint anachorète se bouche les oreilles des deux mains. pour ne pas entendre les propositions de deux horribles démons. dont l'un, nu. ailé. à la tête monstrueuse, lui présente un livre ouvert, où des lettres sans ordre simulent quelque grimoire de sorcellerie. A droite. deux diablotins. larves aux corps d'oiseaux, semblent l'interpeller. L'un d'eux tient une banderole sur laquelle on lit le monogramme de l'auteur et la date N. L. P. 1540.

Au second plan. saint Antoine, debout devant son ermitage, repousse les avances d'une femme superbement vêtue à la mode du XVIe siècle, qui lui offre un vase d'or. Proserpine. sans doute. ainsi qu'elle paraît dans le drame populaire, souvenir de quelque vieux mystère. dont les acteurs. joie des enfants, ne sont plus que de risibles marionnettes. Le cochon, fidèle compagnon de l'ermite. se voit à ses pieds; au fond, le modeste oratoire.

Les couleurs forment un ensemble harmonieux où domine le vert. cependant les troncs d'arbres et le petit cochon sont rouges. L'or a été réservé pour le vêtement damassé de la reine des enfers. le corps des démons — l'un deux est en or jaune, l'autre en or brun — la robe du saint. Le dessin est correct et facile. les couleurs seraient un peu ternes sans l'or qui les réchauffe.

Les diables. hideux. sont bien dans le goût des peintres de cette époque. Tout le monde connaît les tentations de saint Antoine de Jean Cousin. de Callot et surtout celles de toute une école hollandaise. où. parmi les Brueghels et tant d'autres. Jérôme Bosch semble avoir accumulé toutes les productions les plus bizarres d'une imagination dévergondée. Il y a de l'ironie et de la caricature dans cette conception de l'enfer. et l'on sent que le souffle de la Réforme a jeté sur les terreurs du moyen âge le doute et la raillerie.

Quoi qu'il en soit, ce sujet, popularisé par la peinture et la gravure, est ici interprété avec une habileté de main et une science du dessin qui le distinguent des vulgaires copies d'estampes et présentent tous les caractères d'une œuvre originale. L'auteur a du reste pris soin de le signer de son monogramme, et il nous reste à déterminer le nom qui se cache sous les trois lettres N. L. P.

M. de Troussures est propriétaire de cette peinture par succession de famille: elle lui vient de M. le Mareschal, lieutenant au bailliage de Beauvais, son arrière-grand-père. Cette provenance certaine lui donne tout l'intérêt d'un document historique, en montrant en elle l'une des œuvres des peintres verriers de Beauvais qui a été le plus souvent invoquée par les différents auteurs, depuis le XVIIIe siècle, pour fixer leur chronologie et caractériser leurs ouvrages.

C'est dans le tome XIII de la *Description des arts et métiers,* publiée à Neuchatel en 1781, que se trouve, dans un article consacré à la peinture sur verre et à la vitrerie, par Le Vieil, la première mention de la tentation de saint Antoine. Voici en quels termes s'exprime cet auteur (1) :

« La célébrité des belles vitres peintes de ce temps
« (XVIe siècle), dans plusieurs églises de Beauvais,
« nous a engagé, pour en connaître les auteurs, à recou-
« rir aux lumières d'un amateur de cette ville, aussi

(1) Page 80.

« distingué par les précieuses qualités qui constituent
« le bon magistrat que par son érudition : voici ce qu'il
« a bien voulu nous en apprendre : (mémoire manus-
« crit à nous adressé par M. le Mareschal, lieutenant
« particulier au bailliage de Beauvais).....(1). Le mé-
« moire manuscrit des belles vitres peintes de Beau-
« vais nous apprend que cette ville possédait, vers 1540,
« un habile peintre vitrier, nommé Nicolas le Pot, qui
« peignait surtout élégamment en grisaille. L'auteur de
« ce mémoire dit qu'il a de lui en ce genre une tenta-
« tion de saint Antoine, qui s'est très bien conservée.
« On y reconnaît, ajoute-t-il, de l'imagination et du
« talent : un des diables, figuré en oiseau monstrueux,
« avec un capuchon sur la tête, porte une bande ou rou-
« leau sur lequel on voit les trois lettres initiales du
« nom du peintre, N. L. P. 1540. La plupart des
« verrières de Beauvais portent encore le nom de le
« Pot et sont de la famille d'un le Prince, qui maria
« sa fille à un le Pot, sculpteur de cette ville, mais
« aucun n'a le talent de son auteur..... »

Ce passage de Le Vieil se rapporte sans aucun doute
à la peinture sous verre de M. de Troussures et on y
trouve l'origine des appréciations qu'ont émis sur
Nicolas le Pot les auteurs qui s'en sont successive-
ment inspirés. Alexandre Le Noir s'exprime ainsi (2) :
« Nicolas le Pot a peint en 1540 les vitres de Beau-
« vais. Il se fit une grande réputation par l'exécution
« d'un tableau sur verre représentant la tentation de
« saint Antoine ». En reproduisant Le Vieil, Alexandre

(1) Page 101.

(2) *Traité théorique de la peinture sur verre.* Dumoulin, 1846,
p. 46.

Le Noir devient plus affirmatif et commet deux erreurs. En effet, ce ne sont pas les vitres de Beauvais, mais le tableau de M. le Mareschal, qui ont été peintes en 1540. ensuite, quel que soit le mérite de la peinture sous verre de M. le Mareschal, elle ne pouvait suffire à donner une grande réputation à son auteur.

Qu'est-ce que Nicolas le Pot, et, comme le pensait M. le Mareschal, doit-on lui attribuer la tentation de saint Antoine, c'est ce que nous allons examiner.

L'histoire des peintres verriers de Beauvais, déjà obscure, est encore compliquée par l'identité des monogrammes des principaux artistes sortis de deux familles, qui ont enrichi de leurs œuvres non seulement les églises de leur ville, mais la Normandie et l'Ile-de-France. Le premier et le plus grand, dont la renommée est pour ainsi dire classique, est Engrand le Prince, qui mourut en 1530. Il eut pour gendre un habile sculpteur nommé Jean le Pot, mort en 1563, auteur des superbes vantaux des portes du transept nord de la cathédrale de Beauvais. Celui-ci aurait eu un fils ou un frère, nommé Nicolas le Pot, et la présence, sur un certain nombre de vitraux de Beauvais, de Rouen, des Andelys, etc., des initiales I. L. P. et N. L. P. les avaient, jusqu'à ces dernières années, fait attribuer à Jean et à Nicolas le Pot.

La publication d'une notice manuscrite inédite du chanoine Étienne de Nully, faite en 1875, par M. Gustave Desjardins, a porté quelque clarté dans cet imbroglio. « Les vitres de la chapelle Sainte-Barbe, dit Étienne de Nully dans sa notice sur la cathédrale de Beauvais, du dessein de Lucas, celles de la chapelle Saint-Pierre et Saint-Paul, celles de la grande rose du portail du midy, les sibylles de la rose du portail du septentrion, le tout de le Prince ». Or les verrières du portail sud de la cathédrale sont datées de 1551 et signées du monogramme N. L. P., ce qui les avait fait attribuer à Nicolas le Pot, jusqu'à la publication de la notice, qui permet de les restituer à un le Prince. M. le comte de Troussures possède dans sa riche bibliothèque un document précieux, qui confirme la notice et donne à ce le Prince le prénom de Nicolas. C'est le sommaire manuscrit des délibérations du chapitre de Beauvais, rédigé au XVIIIe siècle et d'autant plus important que les titres originaux sont perdus. On y trouve que Jean et Nicolas le Prince furent payés en 1537 pour les verrières du nord de la cathédrale. Ces deux documents nous apprennent avec certitude l'existence jusqu'alors inconnue de deux peintres verriers nommés Jean et Nicolas le Prince, sans doute fils d'Engrand le Prince, et en même temps ils fournissent la preuve que les initiales N. L. P. placées sur ces verrières n'appartiennent pas à Nicolas le Pot, mais à Nicolas le Prince.

L'existence de Jean le Prince comme peintre verrier ne ressort pas moins de ces textes que de ses œuvres. On voit, sur les vitraux de l'église Saint-Vincent à Rouen, ses initiales, unies d'abord à celles de son père ; plus tard, son nom tout entier, IEHAN LE PR.....1551, paraît sur une des verrières de la même église. Par contre, il est plus que problématique que Jean le Pot ait jamais peint des vitraux. Non seulement son épitaphe le désigne seulement comme tailleur d'images, mais ses contemporains, qui ont donné la liste d'un grand nombre de ses œuvres, n'ont jamais parlé que de ses sculptures.

Quant à Nicolas le Pot, on ne connait aucun vitrail qui lui soit attribué d'une manière authentique, et si, dans son mémoire, le Mareschal dit que le nom de le Pot se trouve sur la plupart des vitres de Beauvais, c'est qu'il ignorait l'existence de Jean et de Nicolas le Prince. On pourrait croire que trompé par les initiales N. L. P., il a attribué à Nicolas le Pot la personnalité de Nicolas le Prince, si le soin qu'il a pris de désigner la spécialité qu'il avait adoptée, en disant qu'il peignait surtout élégamment en grisaille, ne témoignait d'une connaissance particulière de ses œuvres. Denis Simon, qui publia en 1704, à Beauvais, son *Nobiliaire de vertu*, affirme également (1) que Nicolas le Pot était peintre en grisaille. Or c'est précisément sous le nom de grisaille que M. le Mareschal désigne sa tentation de saint Antoine.

Il suffit de regarder cette peinture pour constater qu'elle ne répond en rien au sens que l'on donne aujourd'hui au terme de grisaille. En effet, elle est exécutée non en camaïeu, mais en polychromie, avec de l'or, du rouge et du vert, et comme c'est évidemment de cette peinture sous verre et non d'un vitrail que parle son propriétaire, en ajoutant qu'elle s'est très bien conservée, il en résulte que c'est par des peintures sous verres, ou verres églomisés, dont le nom n'était pas encore inventé, que Nicolas le Pot s'était fait la réputation mentionnée par M. le Mareschal. Celui-ci, qui, au dire de Le Vieil était un amateur fort expert, n'aurait pas employé une désignation inexacte pour qualifier un objet auquel il attachait du prix, et surtout, connaissant les remarquables vitraux d'un

(1) Page 78.

superbe coloris, signés N. L. P., qui se trouvent dans les églises de Beauvais et doivent être restitués à Nicolas le Prince, ne leur aurait pas préféré un verre peint ou grisaille, d'une bien moindre importance.

Il est donc probable, quoique cela puisse paraître extraordinaire, que le terme de grisaille employé par Denis Simon et par M. le Mareschal était alors usité pour désigner les peintures sous verre, appelées aujourd'hui verres églomisés, et que Nicolas le Pot, s'il a fait des vitraux, ce qui n'est pas prouvé, était avant tout peintre dans ce genre secondaire, dont la tentation de saint Antoine est un excellent spécimen. Par conséquent, le monogramme N. L. P. désigne Nicolas le Prince, quand on le trouve sur des verrières, et Nicolas le Pot, lorsqu'on le rencontre sur des grisailles ou verres peints, comme celui qui nous occupe.

Les auteurs qui se sont occupés de l'école des verriers de Beauvais en s'appuyant sur l'autorité de Le Vieil, ayant donné jusqu'ici au mot de grisaille le sens de vitrail en camaïeu, ont été conduits par cette interprétation à des attributions qu'il est nécessaire de rectifier, si, en effet, il ne s'applique qu'à des peintures sous verre. Cette observation trouve surtout son application en ce qui concerne Léon Palustre, qui, dans son grand ouvrage sur la Renaissance, a étudié avec son habituelle clairvoyance la question des vitraux de Beauvais et de leurs auteurs, mais, dans leur classification, a commis des contradictions utiles à signaler.

Après avoir déploré qu'on ne rende pas justice à Engrand le Prince, et surtout à ses deux fils Jean et Nicolas, pour donner toutes les préférences à la famille des le Pot (1). quoique Jean le Pot n'ait probablement pas été peintre verrier et que Nicolas le Pot. n'ayant fait que des *vitraux en grisaille*, il faille lui enlever toutes les verrières qui lui sont attribuées pour les restituer à Nicolas le Prince. Palustre ne tarda pas. sous l'impression d'un mémoire de l'abbé Barraud. et pour donner un auteur aux vitraux d'Écouen. à soutenir une opinion contraire (2). Sans réfléchir que l'abbé Barraud ne connaissait ni Jean ni Nicolas le Prince. il proclame Jean le Pot comme l'un des plus grands peintres verriers. C'est à lui qu'il attribue la plupart des œuvres anonymes. en se basant sur cette singulière hypothèse que tous les vitraux signés du monogramme I. L. P. sont l'œuvre de Jean le Prince. et que ceux qui ne sont pas signés appartiennent à Jean le Pot: il va même jusqu'à faire de celui-ci l'auteur de la célèbre suite de l'histoire de Psyché. commandée pour le château d'Écouen par le connétable de Montmorency, et conservée à Chantilly.

M. Louis Régnier. à l'occasion de la publication de l'ouvrage de Palustre, fit paraître à son tour, en 1886. un livre précieux pour l'étude de la Renaissance dans cette partie de la France (3). Si l'influence de Palustre et les procédés d'induction et de déduction où il excellait s'y font souvent sentir. l'esprit du jeune auteur était déjà trop précis et trop prudent pour ne pas se dégager de certaines théories par trop aventureuses de son maître et ami. en particulier dans le

---

(1) *La Renaissance en France*. t. I. p. 58.

(2) *Ibid.*, t. II. p. 20.

(3) Louis Régnier: *La Renaissance dans le Vexin, et dans une partie du Parisis*.

chapitre consacré à l'histoire des vitraux de Beauvais,
où il a synthétisé tout ce que l'on sait sur les peintres
verriers. Il y a donné, avec une grande clarté, les ren-
seignements les plus précis et les plus abondants sur
leurs œuvres, et j'y ai puisé la plupart des détails
réunis sur les artistes qui nous intéressent. Cependant
si M. Régnier se refuse à voir, comme Palustre, dans
Jean le Pot un peintre verrier, il propose de lui substituer, pour l'histoire de Psyché et pour les autres
vitraux en camaïeu, Nicolas le Pot, que les auteurs,
dit-il, désignent comme peintre en grisaille.

Je pense que c'est tirer du mémoire de M. le Mareschal une conclusion qui doit être modifiée, comme je
crois l'avoir établi plus haut, si le terme de grisaille ne
s'applique qu'à la peinture sous verre, et qu'il ne peut
être utilisé pour déterminer soit le nom des auteurs des
vitraux de Beauvais, soit le genre de leurs œuvres.

Ainsi que le dit dans son mémoire M. le Mareschal,
ce genre de peinture auquel s'était consacré Nicolas le
Pot paraît s'être continué à Beauvais après lui. Il
existe au musée de cette ville un autre tableau en grisaille, qui, quoique d'un art inférieur à celui de M. le
comte de Troussures, le rappelle par sa facture et par
son coloris.

Je dois à l'obligeance de M. Boivin de pouvoir en
donner la description. Cette peinture exécutée sous
verre a également des parties dorées: elle représente
la descente de croix, avec les deux églises en cons-
truction à Beauvais au XIIIᵉ siècle, la cathédrale et
Notre-Dame. Sa hauteur est de 0ᵐ35, sa largeur de
0ᵐ28: on lit au revers d'une ancienne écriture :

Tableau pain sur verd 1621
ob
A Susanne A Claude Eustache du Courroy 1775
Beauvaisy

Le style de cette peinture est en effet celui du XVII° siècle et, par conséquent, elle ne peut être attribuée à l'auteur de la tentation de saint Antoine, à laquelle elle est très inférieure, mais il est intéressant de voir que le genre spécial auquel Nicolas le Pot se livrait au XVI° siècle était encore apprécié à la fin du XVIII°, aussi bien par un amateur érudit comme M. le Mareschal que par le ménage, sans doute moins éclairé, dont nous connaissons ainsi le nom.

De cette longue et aride discussion il ressort sans doute deux points intéressants, que l'étude de la curieuse peinture sous verre de M. de Troussures permet d'établir. Le premier, c'est que pendant le XVIII° siècle, les verres peints à l'imitation des anciens verres chrétiens s'appelaient des grisailles, et si je n'ose proposer de substituer ce terme, malgré ses titres plus anciens, au moderne barbarisme de verre églomisé, c'est qu'il peut prêter à confusion, tandis que ce dernier est devenu intelligible pour tout le monde. Le second, c'est que Nicolas le Pot doit être considéré comme un peintre de tableaux sous verres et non de vitraux. Car si les déductions précédentes sont justifiées, il n'est pas davantage l'auteur des verrières en camaïeu, très répandues à cette époque, que des vitraux polychromes du transept nord de la cathédrale. Mais il faut lui conserver la paternité de la tentation de saint Antoine, qui fait connaître en lui un artiste de talent, et dont, après tant d'autres, j'ai tenté de faire ressortir tout l'intérêt.

Caen. — Imp. H. Delesques, rue Demolombe, 34.